사람이 흐르다

김선 시집

사랑이 흐르다

한그루

내 고향 부산에서 27년을 살았고
제주에서 20년이 흘렀습니다.
문밖을 나서면 여행지가 되는 이곳에서
감사하는 마음으로 살고 있습니다.
아무것도 손에 잡히지 않을 때 무작정 걸었습니다.
혼자 때로는 둘이 걸으며 벅찼던 순간들이 많았습니다.
올레길은 힘들 때 내어 준 이정표입니다.
걷다 보니 희미하게나마 길이 보였습니다.
이름 없는 풀꽃, 작은 돌멩이, 바람, 바다, 오름,
그리고 사람.
저를 스친 모든 것들에게 고맙다고 말하고 싶습니다.
모든 사람들이 길 위에서
새로운 길을 찾았으면 합니다.

길 따라 흐르는, 김 선

차
-
례

1 —— 사랑도 타이밍

2 —— 길동무

3 —— 수국

4 ── 우선 멈춤

1

사랑도 타이밍

사람이 흐르다 ————

사랑도 타이밍

그가 나를 보았을 때
나는 꽃을 향해 있었지

내가 그를 보았을 때
그는 꽃을 향해 있었지

사랑도
타이밍이란다
상사화가 피었다

인연

제주의 길 위에서 인연을 만들었다
눈으로 인사하고 앞만 보고 걸어가다
발소리 희미해지면 고개를 돌려봅니다

입 닫고 말 안 하면 같이 가도 다른 길
두 시간 걷다 보니 한 곳으로 가는 길
고통도 길 위로 뿌리며 같이 걷는 두 여자

살기 위해 걷는 여자 걷다 보니 웃는 여자
팔천 원 해물뚝배기 호호 불며 먹는 사이
올레길 네 번 걷고서 친정언니 된 여자

다시 봄

아이야 늦었구나 오는 길 잊은 거니
차갑게 식어버린 미역국 한 그릇을
어미는 가슴에 품고 봄을 세 번 지난다

입안에 피 나도록 부르고 또 불렀을
꽃이 된 내 아이의 푸르른 이름 석 자
피맺힌 절규를 듣고 바다 위로 오른다

손잡고 집에 가자 마당에 핀 꽃 보러
노오란 꽃다지가 너인 양 피었더라
오늘밤 너의 창가로 별이 총총 빛난다

가을산사

천성암 너른 바위 정좌하고 앉았다
어깨에 내려앉은 빠알간 단풍잎이
팔공산 첫노을보다 제가 먼저 붉었다

도토리 주워다가 정성의 묵밥공양
퍼주고 다 주어도 뭘 줄까 주섬주섬
책 속에 숨겨두었던 네잎클로버를 펼쳤다

백팔 번 엎드려야 내어주는 맑은 눈빛
거칠던 숨소리도 제자리 찾는 오후
산사의 풍경소리가 발등 위로 내린다

오늘도 한잔해요

선화야 잘 받았다 굴이 참 달더구나
어릴 적 놀러 가면 고구마 쪄주시던
내 친구 친정 엄마가 북어포를 보내왔다

콩나물 김치 넣고 한소끔 끓여내니
잘 말린 북어 향이 식탁 위로 흐르고
울 식구 거실에 모여 이야기꽃 피운다

오늘도 한잔해요 당분간 괜찮아요
출근길 외친 소리 복도로 흩어지고
축 처진 남편 어깨가 한 뼘이나 솟았다

말하는 참외

매끄런 껍질 속에 희디흰 속살들이
바람에 흔들리는 갈대보다 서걱서걱
말하는 참외 하나가 접시 위로 앉는다

제주서 나고 자란 참외는 몽실몽실
비행기 타고 온 너, 말투가 다르구나
아사삭 네가 했던 말 귓가에서 맴돈다

남편처럼 웃는다

캉캉치마 입고 먼 길을 걸어왔을
새빨간 칼란디바 식탁 앞에 앉아있다
아이들 함박웃음에 저도 생긋 웃으며

눈으로 인사하는 성탄절 이른 아침
꽃봉오리 웃음 봉오리 엄마의 손길 따라
삼천 원 화분 위에서 남편처럼 웃는다

손잡이가 야위다

창가에 조용히 핀 알로에 꽃을 땄다
그 속이 궁금하여 눈높이로 바라본 세상
여섯 개 꽃잎 꽃잎이 가족처럼 앉았다

엄지와 검지 사이로 고개 드는 꽃술들이
아침밥 거르고 간 내 아이를 닮았다
가끔씩 입술 밖으로 노란 즙을 토하는,

한 송이 꽃 안에도 가족사가 있었다
남편의 손끝처럼 정이 가는 유월의 창
십 년째 반들거리는 손잡이가 야위다

시뽑기

오백 원 동전 넣고 시 한 수를 만난다
동그란 세상에서 걱정 없이 살던 네가
사람들 입에 오르며 뒹굴뒹굴거린다

땀 흘려 바짝 구운 시인의 씨줄 날줄
동전으로 얻은 시가 괜스레 미안해져
아라동 시옷서점에 발도장을 찍는다

동지무

고정국 시인님의 시집을 펼쳐 본다
동지무 형제 사진 창가에 사뿐사뿐
젖어 든 초록꽃대가 하늘 향해 자란다

갈 곳 몰라 나뒹구는 못생긴 무 하나를
속사정 탈탈 털어 허공에 매달고선
시 한 편 내려앉기를 달님 보며 빕니다

지하철에서

지하철 3호선에 덕천동 건너 망미동
못 만날 너와 내가 짝꿍 되어 서 있고
정지된 기억 속으로 영상들이 켜진다

손으로 한 뼘 거리 멀고도 가까운 거리
추억을 클릭하면 창문이 스크린 되고
저만치 뻗어 본 팔에 네가 내려 앉는다

엉덩이로 쓰는 시

'부드럽게 부드럽게'* 문정희 시를 읽다
엉덩이 들었다가 다리를 꼬았다가
엎디고 자빠지다가 자리 잡고 앉았다

모았다 흩어지는 생각들을 붙잡으며
씨줄과 날줄 사이 좌표점을 찾는다
앉으면 써지는구나, 엉덩이로 쓰는 시

* 문정희 시인의 시집.

사라진 꽃잎처럼

먼지 쌓인 책 속에서 떨어진 편지 한 통
스무 살 그 시절로 우표 달고 날아갔다
딴 곳만 바라보다가 놓쳐 버린 첫 마음

빼곡히 쌓여 있는 감정의 골짜기를
알고도 모르는 척 무심히 흘렀구나
사라진 벚꽃잎처럼 봄만 되면 떠올라

지워지는 이름들

휴대폰 주소록에 낯선 전화번호
이 사람 누구일까 아무리 생각해도
이름도 얼굴 생김도 떠오르지 않는다

가볍게 살겠다고 물건만 정리하다
폰 속에 채워진 이름 하나씩 삭제하며
화장실 변기에 앉아 물과 함께 내보낸다

바라나시 책골목*

이십 년을 반복해도 공항이별은 힘들다
가는 사람 뒷모습이 눈동자에 박힌 오후
두 발이 저절로 찾는 바라나시 책골목

드르륵 미닫이문 만트라 새어나오고
인도산 아로마향 코끝에 묻어오면
고동친 심장소리도 제자리를 찾는다

미소로 건네주는 뜨거운 짜이 한 잔
따라온 한 줄 화두 머리를 탁 때린다
오늘은 나도 여행자 구름 따라 걷는다

* 용담에 위치한 인디아 북카페.

2

_____

길동무

사람이 흐르다 ──────

길동무

혼자서 걷는 내가 안쓰러워 보였나봐
어깨에 앉았다가 손등에 붙었다가
노오란 나비 한 마리 초입부터 따라와

한 시간 걷게 되면 친구가 되는 올레길
낯선 이가 말 걸어도 허용되는 그 길
비밀도 나누게 되는 길 위의 단짝동무

올레길 1

한 번도 얘기 못 한 마음속 얘기들을
바람에 내보낸다 길 위로 묻어 본다
걷다가 웃음 찾는다 올레길은 치료사

차 타고 지나갈 땐 못 봤던 속살속살
풀꽃과 눈 맞추고 바람도 손 맞잡고
한 발씩 걸을 때마다 보따리가 가볍다

올레길 2

오른발 검지 발톱
새까맣게 변했다

올레길 따라 걷고
생겨난 명예의 훈장

헤맸던
가슴 언저리
느낌표를 찾았다

올레길 3

길 위로 흐르는 건 바람만이 아니더라
속마음 한 보따리 젖으며 풀어내고
어깨 위 무거운 사연 바다 위로 뿌린다

멈추고 싶은 날은 그대로 멈추면 돼
푸른색 화살표시 반대로 걸어간 날
거꾸로 바라본 세상 다른 길이 보인다

알작지*

올레길 십칠 코스 구멍 송송 돌멩이가
서로의 몸 기대고 주고받은 속마음
동그란 어깨 맞대고 재잘재잘거린다

혼자만 잘난 세상 뾰족이 치켜뜬 눈
큰 파도 부딪히며 양 눈썹 반달 모양
태생이 동글이었어, 저만 혼자 몰랐다

* 동그란 알 모양의 자갈돌이라는 뜻을 가진 제주어.

연인

서우봉 유채길을 화살표 따라 걷는다
양 날개 활짝 펴고 호랑나비도 뒤따른다
연인들 바라만 봐도 뭐가 저리 좋을까

한 걸음 물러서서 바다를 바라본다
애꿎은 번데기만 어금니로 꽉 누른다
물빛도 사랑스럽다 저들처럼 부시다

용눈이오름

김영갑도 반해버린 제주의 용눈이오름
그 속을 알고 싶어 단숨에 올랐었지
억새가 누운 쪽으로 눈동자가 머물고

늘 가던 등산로를 반대로 돌아온 날
감춰진 비경들이 모습을 드러내고
반라의 그림 한 점이 저만 홀로 누웠다

봄이 오는 무인카페

무인도 걷다 만난 오롯한 섬 하나
널찍한 판자에는 '올레꾼 무인쉼터'
먹으멍 쉬어갑서예 삐뚤빼뚤 손글씨

홍보석 감귤 한 개 입속으로 밀어넣고
주머니 동전 모아 무인통에 넣어주니
입구에 매화나무가 방실방실 웃는다

천남성

삼다수 숲길 따라 도란도란 걷다 보면
조릿대 무리 지어 악수를 청해오고
남몰래 죄를 지은 듯 고개 숙여 절하는 듯

허리를 낮춰야만 제 모습 보여주고
밤이면 고개 들고 세상과 눈 맞추는
올레길 길목 길목에 석녀처럼 서있다

새별오름

키 작은 억새 따라 숨 가쁘게 오른 길
고개를 숙여야만 내어주는 정상의 품
바람의 어깨 너머로 새별오름 보인다

사람들 품은 소원 온 몸으로 안으며
일 년 중 그 하루는 누구보다 뜨거웠다
제 한몸 다 태우고서야 불덩이를 뱉는다

이사 가는 날

운전석 옆자리에 벨트 매고 앉은 봄
신구간* 이사풍경 꽃들의 이사풍경
노란색 옷가지 몇 벌 화분 위에 챙기며

집을 두고 나설 때야 여태 쌓인 정이 온다
새 화분 분갈이에 따뜻한 한 줌 흙에
무심턴 작은 가지가 하늘 향해 춤춘다

*제주도의 전통 풍습 중 하나로, 대한 후 5일째부터 입춘 3일 전까지 7~8일
동안 이어지는 이사 기간.

노부부

가을이 불러내어 운동화 꺼내 신고
서귀포 법환 포구 남편과 걷는 오후
맞은편 늙은 부부가 손 붙들고 웃는다

할머니 주름살은 찢어진 책 한 페이지
희끗한 머리 위로 노을이 앉아 있다
대나무 지팡이보다 든든한 할아버지

우리도 저들처럼 물들어 가고 싶다
좁은 길 스치면서 눈인사 건네 보며
돌아본 노부부 모습 명화보다 부시다

잃은 건 길이 아니다

잃어버린 길을 찾아서 걷는 날
서랍 속 묻은 얘기 하나씩 꺼내 본다
한 시간 길을 헤매다 처음으로 놓친 길

잘못 간 그 길에도 우리만의 이야기가
그들만의 색을 내며 한 겹씩 흘러간다
숲속에 피어오른 건 젊은 날 우리들의 꿈

바람

물결이 살랑살랑
너 거기 있는 거지

언제부터 왔었니?
예서 보니 반갑네

다 보여
거기 있는 너,
연잎 쓰고 숨은 너

하눌타리

두모악 앞마당에 자리 잡은 하눌타리
영혼을 불러오는 주술사 손끝처럼
허공에 촉수를 두고 그 이름을 부른다

누군가 매만졌나 바람 닮은 저 자태
흔들리는 덩굴손이 돌무더기 붙잡고
진통도 삼켜버린 채 발을 뻗고 눕는다

음지가 양지 되고 양지가 음지 되듯
바람에 실려 와서 뿌리를 내렸구나
김영갑 갤러리마당 길손들을 맞으며

바람통역기

소리도 삼켜버린 제주의 강쇠바람
앞서 간 사촌동생 목청껏 불러 봐도
뒤 한번 안 돌아보고 올레길만 걷는다

정오도 한참 지나 정확한 배꼽시계
밥 달란 재촉 소리 파도보다 높은데
주아야 "밥 먹고 가자" 자~소리만 남는다

네 주위가 환하다

스스로 빛을 내는 네 이름 물어봐도 돼
주위가 깜깜해야 내 눈에 네가 보여
청수리 곶자왈 일대 네가 살고 있는 곳

어머니 손을 잡고 숲길로 들어섰지
심장의 박동소리 발소리보다 깊었다
어둠이 깊어갈수록 네 주위가 환하다

너처럼 반짝이려면 어떻게 해야 하니
사랑하는 마음이면 빛날 수 있으려나
빛으로 표현하는 너 훔치고픈 그 사랑

3

수국

사람이 흐르다 ————

수국

엄마와 한바탕하고 수국길을 걸었다
입 다물고 걷다가 손등이 스쳐갔다
이때다, 거기 서 봐요 사진 한 장 남긴다

꽃길을 걸으면서 웃음기 빠진 엄마와 딸
맘속에 품은 말들 입 밖으로 뱉지 못하고
나이가 사십이 넘어도 열두 살에 멈췄다

엄마가 되고 나니 깊어진 우물 속
보라색 꽃말처럼 진심은 통했나 봐
유월의 수국 덕분에 스친 손을 잡는다

박하사탕

갈빗집 계산대 위 대나무 소쿠리에
까슬한 박하사탕 두어 알 남아 있다
댓돌 위 고무신마냥 외할머니 닮았다

저고리 안 깊숙이 휴지에 돌돌 말려
손녀 오면 주려고 넣어 둔 내리사랑
꽉 잠긴 보물주머니 자동문처럼 열렸다

달콤한 밀크커피 입가심 미뤄 두고
추억의 동굴에서 꺼내온 사탕 하나
박하향 가을 하늘이 입안으로 퍼진다

눈높이를 낮추다

칼란디바 꽃봉오리 한 달 만에 눈을 뜨다
넓은 잎 작은 봉오리 소곤소곤 속삭이고
갓난애 미소 지으며 식탁 위로 오른다

눈높이 낮춘 만큼 되레 눈을 낮추는 그대
작은 귀 작은 소리 온몸으로 퍼져오는
이 아침 배냇짓 시늉 우리 가족 되었다

아버지와 갈모자

갈모자 색 바래어 액자 밑에 걸려 있다
손주랑 한눈팔 때 몰래 갖다 버렸다
화장실 다녀왔더니 그새 걸린 헌 모자

아버진 감추시고 남동생은 버리고
몇 번을 반복하다 웃음보가 터졌다
친정행 옥돔 대신에 새 모자가 납신다

좋은 게 좋은 거

최첨단 세면대가 연초부터 막혔다
조였던 나사 풀고 막혔던 생각 풀고
뒤엉킨 삶의 찌꺼기 한 손 가득 건진다

가만히 눈 감으면 보이는 사람 사이
하나씩 풀다 보면 물처럼 흘러갈까
반달 눈 우리 남편이 좋은 게 좋은 거란다

내 딸 가인이

그날도 눈이 왔어 내 딸이 내게 온 날
'엄마'란 이름표를 가슴에 달아 주던,
일월의 추운 겨울날 눈감옥에 갇혔다

배고파 울어대는 아이의 입속으로
퉁퉁 분 젖가슴을 깊숙이 밀어 넣고
아파도 웃음이 난다 배식배식 웃는다

친정엄마

공항에 마중 나온 일흔셋 친정엄마
새까만 속 감추고 박꽃처럼 웃으시는
십 남매 일곱 번째 딸 그 입가가 슬프다

나 또한 엄마 되니 엄마 그 맘 알게 되어
가슴 속 감추어 둔 원망을 밀어내고
삐죽이 돋아나 있는 잔가시를 자른다

봉숭아 필 무렵

이모네 앞마당에 그 꽃 지금 피었을까
초여름 햇살에도 맑은 눈 깜빡이며
메마른 입술 사이로 웃음 톡톡 터지는,

쌍둥이 어린 조카 당신 품에 옮겨 심어
아침마다 눈 맞추며 꽃처럼 웃던 이모
장독대 어둠 사이로 달빛 가득 피었다

뻥튀기

할머니 보따리엔 무엇이 들었나요
하얀 고무신 신고 어디를 가시나요
궁금한 참새 세 마리 날갯짓이 바쁘다

골목을 돌아 나온 고소한 튀밥 냄새
유년의 기억들을 포르르 피워 내고
오일장 뻥튀기 가게 어디선가 본 듯하다

양푼이 가득가득 그리움 쏟아내면
어릴 적 동네 꼬마 놀던 일도 멈추고
'뻥이야' 외치기 전에 두 손부터 빌린다

안개꽃

술 취한 남동생이
보내준 사진 한 장

가르마 쪽 진 머리
비녀 꽂은 외할머니

눈 안엔
하얀 안개가
밤새도록 짙었다

성장통

동그란 네 모습이 귀여워 손을 댔다
앗, 따끔 가시였네 손가락이 빨갛다
그 가시 언제쯤이면 봄비 되어 내릴까

사춘기 열병 앓는 열여덟 딸아이
내민 손 잡아달라 신호를 보냈구나
눈높이 시선 맞추고 반달웃음 보낸다

가시가 아니었어 네 몸의 일부였어
양손을 마주 대고 한참을 비벼댔지
그 온기 네게 전하며 온몸으로 품는다

사과

또르르 사과 하나가 발밑으로 굴러온다
말없이 들여다본 깎다 만 사과 한쪽
단단한 사과 속살이 엄마처럼 하얗다

오늘도 제 살 깎으며 눈물 뚝뚝 흘리시는
바쁘신 엄마 대신 사과가 내게 왔다
농익은 두 볼 사이로 웃음꽃이 피었다

고슴도치

보증금 한 푼 없이 삼 년을 살았구나
낮에는 웅크린 채 미동도 않더니만
밤마다 부스럭대며 아이 잠을 깨운다

간다는 말도 없이 떠나간 그날 밤
잠 많은 큰아이도 뜬눈으로 지샌 밤
곤추선 하얀 가시가 땅을 향해 누웠다

보이지 않는다고 없어진 게 아니야
들리지 않는다고 사라진 게 아니야
빈 가슴 새겨진 판화 고슴도치 한 마리

슬며시

미안한 속마음을
은박지에 감추고

일 년 내 묵은 잘못
퉁칠까, 은근슬쩍

오늘은
발렌타인데이
초콜릿을 건넨다

못난이 오징어

오징어 먹다 말고 다리를 세어 본다
세 번을 헤아려도 아홉 개 틀림없다
몸통도 상처투성이 부산서 온 오징어

조카들 좋아하는 못난이 오징어를
외삼촌 용돈 털어 택배로 보내왔다
비상품 마른 오징어 한치보다 맛있다

4

우선 멈춤

사람이 흐르다 ───────

우선 멈춤

제동장치 풀려버린 빨간색 마티즈가
여명의 도로 위를 폭군처럼 달리는 아침
주황색 양심의 소리가 깜빡깜빡거린다

빨강과 초록 사이 희망과 절망 사이
신호등 어깨 위로 우뚝 선 마흔일곱
초록색 화살표 따라 세상 밖을 나선다

문병

치자꽃도 빗속에선 소주 향기 풍긴다
그가 누웠다는 병실을 찾아간 밤
실눈 뜬 창문틈으로 날개 꺾인 새 한 마리

술 취한 도시에선 시도 술을 먹는 건지
종이컵에 몰래 따른 쓰디쓴 시어들이
삼류의 시인보다도 제가 먼저 취한다

발자국 얕게 찍으며

수확물 다 걷어낸 밭길을 지납니다
일 년을 잘 살아낸 저 땅의 여정 위로
또 다른 이름표들이 줄을 서고 있습니다

주름진 그 길 위로 나 또한 걷습니다
잘 가고 있는 걸까 잘 살고 있는 걸까
발자국 얕게 찍으며 흔들흔들 갑니다

돌탑

산길을 걷다 보면 낯익은 풍경 하나
길가로 쌓아 올린 아슬한 돌무더기
간절히 바라는 소원 저렇게도 많을까

바닥에 누워 있는 돌멩이 얼른 주워
가쁜 숨 가다듬고 기도하듯 올려본다
열여덟 딸아이만큼 아찔하게 서 있다

틈과 틈 메워주고 흔들려도 쓰러지지 않는
서로의 믿음일까 쌓는 이의 마음일까
바람도 그들 편이다 열린 틈으로 흐른다

석굴암을 오르며

석굴암 오르는 길 단풍도 합장한다
백팔 번 엎드리니 땀인지 눈물인지
촛불도 흔들리다가 묵언수행 중이다

바위를 밀어내니 앞마당이 환하다
언제나 한 몸인 양 앞서거니 뒤서거니
오늘은 단풍잎 하나 거기 먼저 와 있다

진실의 입

한담동 바닷가에 플라스틱 들통 하나
바다와 등 맞대고 모래를 삼키고 있다
주름진 파도 소리에 엑스파일 또 묻혀

마음의 능선 따라 출렁이는 색소폰 소리
저 너머 파도 사이로 얼핏얼핏 보이는 금빛
한 마리 가마우지가 자맥질에 바쁘다

물보라 숨 가쁘게 내 품으로 안기면
눈 감고 귀 막으며 먼 하늘 바라본다
햇살이 모래 위에서 진실처럼 빛난다

해녀

시선을 멎게 하는 김녕리 벽화골목
'저승돈 벌러감쩌*' 글자가 눈에 박힌다
일터로 물질 나가는 어머니의 뒷모습

반짝이는 표면 위로 들리는 피리 소리
깊은 숨 참았다가 올라와 내쉬는 숨
김녕리 그 바다에는 휘파람새가 산단다

주어진 숨의 길이 저마다 다른 호흡
물숨*이 오기 전에 물 위로 와야 한다
바다가 허락한 만큼 욕심내면 안 된다

* 저승 돈 벌러 간다.
* 물속에서 참는 숨.

무명천할머니

골목길 굽이 도니 할머니가 앉아 있다
얼굴에 동여맨 천 그 사연이 아프다
서른 살 꽃다운 그때 지켜낸 귀한 목숨

토벌대 총소리에 허리 숙인 적막의 밤
총알이 턱을 스친 모질고 아픈 그날
평생을 무명천 감고 그림자로 사셨다

네 평 남짓 쪽방에서 혼자서 뜨는 한술
밥 먹는 그 모습은 누구도 본 적 없다
자물쇠 채워진 방은 돌아가시고 나서 열렸다

사람들 발소리가 마당에 가득하다
액자 속 할머니도 오랜만에 웃는다
앞마당 부활절선인장* 봄이 오고 있었다

* 봄에 꽃이 피고 줄기가 편평한 선인장.

달 1

너와 나 언제쯤이면
포옹 한번 해보나

어둠이 내려앉은
창가로 다가와서

대놓고
윙크만 하는
애월 카페
그
여
자

달 2

대웅전 처마 밑에
풍경이 흔들렸다

동자승 발길 따라
문지방 넘어와선

동그란
다기 잔 속에
무릎 꿇고 앉았다

울음

슬픔이 삐죽빼죽 목젖까지 차온 날
배낭에 구겨 넣고 현관문을 나선다
울음이 새어나올까 제 입부터 막는다

거울 속 붉어진 눈 자꾸만 외면해도
심중의 떨림까진 모른 척할 순 없다
굵어진 빗줄기 사이로 견딘 말들 쏟았다

비상금

옷장을 정리하다
발견한 오만 원권

점퍼의 안주머니
꼬깃꼬깃 접힌 채

주인도
잊고 있었던
눈먼 비상금

시간을 준 거였어

일주일 잠을 자던 우리 집 거실시계
달력은 넘어가는데 시작노트는 첫 페이지
글 한 줄 쓰지 못하고 손톱만 물어뜯는다

애꿎은 샤프심은 책상에 수북하고
'쿵'하고 번개 하나를 정수리로 맞았지
밥 한술 먹고 나서야 초침 살짝 움직였다

합평

도마에 올려진 건 생선이 아니었어
거칠게 파닥이는 야성의 저 글자들
시인은 고개 숙이고 발가락만 비빈다

눈 씻고 찾아봐도 쓸 만한 게 없었을까
벗겨지고 버려지는 비늘과 지느러미
다듬고 깎이다 보면 해 뜰 날이 올 거야

호떡할머니

정류장 모퉁이에 허름한 포장마차
수십 년 자리 지킨 밀가루 고무대야
숙성된 반죽 사이로 질긴 세월 묻혔다

할머니 손 안에 놓인 동그란 반죽 하나
복잡한 손금들을 모조리 삼켜버리고
달궈진 철판 위에서 제2막을 펼친다

까만 무늬

손톱 밑 까만 때는 어머니의 이력
몇 번을 문질러도 없어지지 않는다
한평생 감귤농사일 새겨진 까만 훈장

거칠고 뭉툭한 손 사 남매 키워낸 손
네 번째 손가락에 희미한 반지자국
초승달 반달무늬가 손끝에서 빛난다

발로 쓰는 시,
생경한 기억의 반짝임 너머

발로 쓰는 시,
생경한 기억의 반짝임 너머

강은미(시인)

1. 부재의 절규로 웃는 사랑

꽃이 된 내 아이의 푸르른 이름 석 자
피맺힌 절규를 듣고 바다 위로 오른다

―「다시 봄」부분

김선의 시는 만질 수 없는 그리움이 섬처럼 떠돈다. 섬은 바다를 끌어안지 못하고 이별에 익숙하다. 밀려 들고 밀려가는 바다의 기척에 늘 안달할 뿐이다. 섬의 그리움은 바다의 깊이만큼이나 속절없다. 시인의 속절 없는 그리움은 자꾸만 타이밍을 놓치고, 만나는 대상 에게 쉽게 마음을 내주고 만다. "퍼주고 다 주어도 뭘 줄까 주섬주섬/책 속에 숨겨두었던 네잎클로버를 펼" 친다.(「가을산사」) 결핍의 사랑은 시인의 발걸음을 하 염없게 만든다. "살기 위해 걷는 여자 걷다 보니 웃는 여자"가 되는 것이다.(「인연」)

시인은 제주에서 살고 있는, 부산 태생의 제주 사람 이 다 된 이방인이다. 사람 좋은 따뜻한 웃음을 가졌지 만 시인의 가슴속에서는 "바람에 흔들리는 갈대보다 서걱서걱"거리는 소리가 들린다.(「말하는 참외」) 바 다 건너에서 보내온 소포 꾸러미는 따뜻한 밥상에 온 식구를 불러 모으지만 "가끔씩 입술 밖으로 노란 즙을 토하는"시어들의 식도염을 앓는다.(「손잡이가 야위다」) 태생이 다른 이방인이 언어의 토양을 맞추려는 몸부림이 일으키는 역류현상이다. 자꾸만 "아사삭 네가 했던 말 귓가에서 맴돈다."(「말하는 참외」)

시인이 정작 그리워하는 건 어떤 감각적 이미지가 아니라 대상 그 자체다. "정지된 기억 속으로 영상들이"켜지고, "추억을 클릭하면 창문이 스크린 되"는 그런 사랑이 아니다. "저만치 뻗어 본 팔에 네가 내려 앉는"것을 원한다.(「지하철에서」) 하지만 시인의 실존은 그리움의 대상을 만질 수 없는 거리에 있다. 그것은 시에서 많이 등장하는 '남편', '외할머니', '어머니', '남동생'과 같은 타자는 아닐 것이다. 그들로 은유하는 한 몸인 사랑, 시적 대상과 한 몸인 자아, 시적 주체와 대상이 한 몸인 그런 시를 쓰고 싶은 것은 아닐까. 결국 부재할 수밖에 없는 그리움을 붙잡고 싶은 욕망을 드러내고 있다. 시인이 욕망하고 있는 주체는 곧 시인 자신인 것이다.

휴대폰 주소록에 낯선 전화번호
이 사람 누구일까 아무리 생각해도
이름도 얼굴 생김도 떠오르지 않는다

가볍게 살겠다고 물건만 정리하다
폰 속에 채워진 이름 하나씩 삭제하며
화장실 변기에 앉아 물과 함께 내보낸다
                              - 「지워지는 이름들」 전문

　이 시에서 '휴대폰 주소록'은 현대인의 욕망을 은유
하는 것이다. 대상과의 아주 짧은 만남마저도 놓치지
않으려는, 결여를 채우려는 노력의 일환이다. 결국은
얼굴도 생각나지 않는 수많은 타자들에 의존할 수밖에
없는 외로운 섬들의 실존. 타자에 의해 불릴 때만 의미
있는 존재의 실존이다. 시인은 "폰 속에 채워진 이름
하나씩 삭제하며/화장실 변기에 앉아 물과 함께 내보
낸다". 나로 살기 위한 몸부림의 일환인 것이다. 타자
화된 욕망으로부터 과감한 탈주를 시도하는 것이다.
　주체의 욕망은 '결여'로부터 나온다. 그 결여는 어떤
대상으로도 채울 수 없다는 점에서 '순수결여'이다. 시
인은 그것을 알기에 욕망을 지우려 한다. 그것은 "가볍
게 살겠다고 물건만 정리"해서 될 일이 아니다. 휴대
폰 속에 빼곡히 채워진 타자를 지우는 것으로부터 결
국 순수 자아를 만나는 곳, 그것이 시인이 바라는 종착
역이다. 지워진 이름들이 물과 함께 도착하는 곳이 저
바다 밑이라면 시인의 욕망들이 대상을 만나 당도하는

곳은 무의식의 저 끝이 아닐는지.

2. 반대쪽 화살표로 걷는 그림자 너머

> 밤이면 고개 들고 세상과 눈 맞추는
> 올레길 길목 길목에 석녀처럼 서있다
>
> — 「천남성」 부분

김선 시인의 발걸음은 부지런하다. 그 걸음은 가벼운 듯 지금까지 걸어온 삶으로부터 역주행하고자 하는 욕망이 느껴진다. 바람의 좌표를 따라 걸으면서 생경한 풍경들을 만나 반갑게 인사하면서도 아이처럼 반대로 걷는 걸음을 서슴지 않는 것이다. 누구나 아이였을 때, 엉덩이를 하늘로 치올리면 땅에 드리운 제 그림자를 보며 히죽히죽 웃었던 기억이 있을 것이다. 그때는 모든 게 신비로웠고, 세상의 좌표 따윈 필요치 않았을 것이다. 하지만 어른이 된다는 건 일정한 좌표를 갖는 것일지도 모른다. 좌표를 잃어버린다는 건 다 잃어버린 것이다. 그래서 "잃어버린 길을 찾아서 걷는"다.(「잃은 건 길이 아니다」)

시인의 시 제목처럼 시인이 잃어버린 건 길이 아니

다. 시인이 잃어버린 건 "웃음기 빠진"(「수국」) 일상과 "서로의 몸 기대고 주고받은 속마음"(「알작지」)일 것이다. 즉, 동심을 잃어버린 것이다. 동심은 주체와 대상이 한 몸인 감정이다. 대상이 환하면 주체도 환해지고, 대상이 울상이면 주체도 울상인 것이다. 하지만 감정마저도 타자화된 현대인이 대상과 물아일체 되는 경험은 희박하다. 감정도 노동이며, 소비의 대상이다. 그래서 시인은 올레길을 걷는다. 삶의 한복판에서 벗어나 외진 길 홀로 걸으며 저만치 혼자 그림자로 떠도는 자아를 만나는 것이다. "감춰진 비경들이 모습을 드러내고/반라의 그림 한 점"이 그것이다.(「용눈이오름」)

감춰진 비경 속에 반라(半裸)의 모습을 마주하게 된 데에는 "용눈이오름/그 속을 알고 싶"은 욕망이 존재한다. 그것은 자아를 마주하고 싶은 시인의 욕망이다. 내가 내 속을 모르는 답답함이 억새라는 대상을 만나 시선을 붙잡아두는 것이다. 내가 내 속을 모르는 답답함은 다름 아닌 타자화된 주체의 경직성을 말하는 것이다. 두껍게 화석화된 의식의 더께를 걷어내야만 만날 수 있는 자아의 무의식, 그 통로를 여는 열쇠는 반대로 걸어가는 것이리라.

길 위로 흐르는 건 바람만이 아니더라
속마음 한 보따리 젖으며 풀어내고
어깨 위 무거운 사연 바다 위로 뿌린다

멈추고 싶은 날은 그대로 멈추면 돼
푸른색 화살표시 반대로 걸어간 날
거꾸로 바라본 세상 다른 길이 보인다

－「올레길 3」전문

    시인은 자서(自序)에서 길 위에서 만난 "이름 없는 풀꽃, 작은 돌멩이, 바람, 바다, 오름 그리고 사람"에게 고마움을 표현하고 있다. 제주의 어느 곳에서든 만날 수 있는 대상들이다. 때론 진부하다 할 수 있는 대상의 은유이다. 하지만 이들은 제주라는 한정된 공간에 머물고 있는 것이 아니라 시적 주체와 함께 흐르고 있다는 것이 의미 있다. "속마음 한 보따리"는 풀어 헤쳐지고, "어깨 위 무거운 사연"은 바다로 흘러간다. 그것은 "푸른색 화살표시 반대로" 걸어갔기 때문에 가능한 것이다.

    '반대로 걷는다'는 것은 정해지거나 고정된 삶의 방향으로부터 역주하는 것이다. 시인에게 역주의 길은 "비밀도 나누게 되는 길"(「길동무」)이며, "남몰래 죄를 지은 듯 고개 숙여"(「천남성」)야 하는 길이며, "맘 속에 품은 말들"(「수국」)로 출렁이는 길이다. 그 길에서 시인에게 위로가 되는 것은 '나비', '수국', '돌멩이', '천남성', '억새'와 같은 것들이다. 시인이 그들을 보는 것이 아니라 그들이 시인에게 말을 건네며 악수를 청하고 있다. 그러니 시인은 "올레길 길목 길목에 석녀처럼 서 있"을 수밖에.(「천남성」) 길 위에서 만난 대상들은 시인을 물구나무 세우며 새로운 길을 안내하고 있는 것이다. 그것은 나를 향해 걷는 길이다.

3. 박하사탕, 알싸한 그리움 쪽으로

가르마 쪽 진 머리
비녀 꽂은 외할머니

눈 안엔
하얀 안개가
밤새도록 짙었다

– 「안개꽃」 부분

김선 시인의 자아탐색 여정에는 삼대가 총동원되

고 있다. 일상에서 만나는 사소한 이미지들은 가족을 호명한다. 박하사탕은 외할머니를, 봉숭아꽃은 이모를, 사과 반쪽은 친정어머니를, 마른 오징어는 남동생을 불러들이는 것이다. 가족이란, 자아를 구성하는 절대적인 요소이다. "눈 안엔/하얀 안개가/밤새도록 짙"(「안개꽃」)은 외할머니는 십 남매를 낳으셨나 보다. 그 할머니가 낳은 "십 남매 일곱 번째 딸"(「친정엄마」)인 어머니는 "오늘도 제 살 깎으며 눈물 뚝뚝 흘리시는" 것이다.(「사과」) 이런 어머니의 슬픔을 기억하는 시인은 "가슴 속 감추어 둔 원망을 밀어내고/삐죽이 돋아나 있는 잔가시를 자른다".(「친정엄마」)

마음에 돋아난 가시는 아무리 감추어도 사라지지는 않는 법이다. 잔가시를 잘게 부수고 부수어 가루가 되게 하는 방법밖에 없다. 어쩌면 시인이 아직 알지 못한 건 이런 마음의 원리가 아닐까. 아니, 되레 알아도 모른 척 피하고 있는 것인지도 모르겠다. 그것은 어쩌면 어떤 불안 또는 두려움의 징표가 아닐까. 정작 자신과 마주했을 때의 낯섦, 당혹감을 직면할 재간이 없는 것이다.

시인의 두려움은 남편의 말을 빌려 대신하고 있다. "가만히 눈 감으면 보이는 사람 사이/하나씩 풀다 보면 물처럼 흘러갈까/반달 눈 우리 남편이 좋은 게 좋은 거란다"라고.(「좋은 게 좋은 거」) 하지만 시인은 '좋은 게 좋은 거'를 부정해야 하는 숙명을 타고 났다. 가시는 가시로 대물림된다는 것을 시인이 모를 리 없다. 시인은 고슴도치에 투영된 자신을 바라보고 있는 것이다. "보이지 않는다고 없어진 게 아니야/들리지 않는다고 사라진 게 아니야/빈 가슴 새겨진 판화 고슴도치 한 마리"(「고슴도치」)라고 말함으로써 시인은 고슴도치에 투영된 '가시의 대물림'을 바라보고 있는 것이다.

동그란 네 모습이 귀여워 손을 댔다
앗, 따끔 가시였네 손가락이 빨갛다
그 가시 언제쯤이면 봄비 되어 내릴까

사춘기 열병 앓는 열여덟 딸아이
내민 손 잡아달라 신호를 보냈구나
눈높이 시선 맞추고 반달웃음 보낸다

가시가 아니었어 네 몸의 일부였어
양손을 마주 대고 한참을 비벼댔지
그 온기 네게 전하며 온몸으로 품는다

-「성장통」 전문

아이의 고통을 마주하는 일은 가혹하다. 시인은 '열 여덟 고슴도치'를 온몸으로 끌어안고 있다. 딸의 몸에서 돋아나는 가시를 몸의 일부로 받아들이기까지 얼마만 한 슬픔과 고통의 시간이 있었을지 짐작하고도 남는다. 이 또한 어머니의 숙명인 것이다. 시인의 숙명과 어머니의 숙명 사이에서 "제 살 깎으며 눈물 뚝뚝" 흘리고 있었을 시인을 생각한다. 그것은 시인의 어머니, 또 그 어머니가 겪은 고통이기도 하며, 시인 자신이 대물림하는 고통이기도 하다. 물론 딸아이가 물려받은 고통이기도 하다. 이러한 연쇄적 아픔은 삼대에 걸려 발생하는 '성장통'이기도 하거니와 인간 실존의 보편성이기도 하다. 파도타기 하듯 고통에 제 몸을 맡길 수 있다면 얼마나 좋을까.

그럼에도 불구하고 김선 시에서 최고의 미덕은 천연덕스러움이다. "오징어 먹다 말고 다리를 세어 본다/세 번을 헤아려도 아홉 개 틀림없다"(「못난이 오징어」)에서 알 수 있듯이 다리가 아홉 개 달린 오징어는 의심스럽지만 부정할 수는 없다. '하늘이 부여한 그러함'을 어찌하겠는가. "눈높이 시선 맞추고 반달웃음" 지을 수밖에 없잖은가. 그것이 설령 '고슴도치'라도 말이다. 어느 날에는 은근슬쩍, "발렌타인데이/초콜릿을 건넨다"(「슬며시」) 또 어느 날에는 "비상품 마른 오징

어 한치보다 맛있다"며 너스레를 떨기도 한다. "'뻥이
야' 외치기 전에 두 손부터 빌린다".(「뻥튀기」) 그것은
일종의 파도타기이다. 고통을 우회하는 시인만의 파도
타기인 것이다. 그래서 사뭇 슬프다. 슬픔은 바람처럼
담 구멍을 통해 넌지시 빠져나가고 있다. 아직은, 직면
하는 두려움을 슬며시 피하고 있다.

4. 목젖에 걸린 울음의 기표들

> 눈 감고 귀 막으며 먼 하늘 바라본다
> 햇살이 모래 위에서 진실처럼 빛난다
>
> — 「진실의 입」 부분

   시인의 발걸음은 뚜벅뚜벅 제주의 길을 한 바퀴 돌
고 어느새 제 마음의 오솔길을 걷고 있다. 사물화된 기
표들로부터 살아 움직이는 기표들로 변환되고 있다.
그 전제가 되는 조건은 '우선 멈춤'이다. "빨강과 초록
사이 희망과 절망 사이/신호등 어깨 위로 우뚝 선 마
흔일곱"이 흔들리고 있다.(「우선 멈춤」) "열여덟 딸아
이만큼 아찔하게 서 있다".(「돌탑」) 현실의 자아와 이
상의 자아는 언제나 빈 공간을 메우려는 욕망을 부추

긴다. 그러니 "치자꽃도 빗속에선 소주 향기 풍긴다" (「문병」)는 말이 성립되는 것이다.

다시, 시인이 결국 당도하고자 하는 목적지가 어디인지 떠올려본다. 앞서 언급했듯이 시인은 주체와 대상이 한 몸인 그런 시를 쓰고 싶은 것이다. 결국 부재할 수밖에 없는 그리움의 정체를 확인하고 싶은 것이다. 그것은 현실에서 불가능한 일이다. 결국, 시로써만 부재를 증명할 수 있다. 그래서 후반으로 갈수록 넋두리의 강도가 높다. "한 마리 가마우지가 자맥질에 바쁘다".(「진실의 입」) 늘 진실을 향해 발걸음을 옮기고 있지만 대상은 먼저 달아나거나 하늘로 오르고 있다. 이 시집의 제4부에서는 상승하는 이미지가 유독 돋보인다. 둘레길을 걷던 사유의 길이 비로소 수직으로 자맥질을 하고 있는 것이다. '돌탑', '가마우지', '해녀', '달'로 이어지는 상승 이미지는 현존하는 의식의 자아로부터 실재에 가까운 무의식에 당도하고자 하는 꿈의 반영이다.

> 슬픔이 삐죽빼죽 목젖까지 차온 날
> 배낭에 구겨 넣고 현관문을 나선다
> 울음이 새어나올까 제 입부터 막는다

거울 속 붉어진 눈 자꾸만 외면해도
심중의 떨림까진 모른 척할 순 없다
굵어진 빗줄기 사이로 견딘 말들 쏟았다

-「울음」전문

시인이 지금까지 보여준 웃음은 거짓자아의 슬픈 그
림자이다. 가혹하게 말하면 무수히 흔들리는 자아의
무늬에 꽃을 그려 넣고 있는 양상이다. 그것을 모르는
바 아닌 시인은 "울음이 새어나올까 제 입부터 막는
다". 하지만 "심중의 떨림까진 모른 척할 순 없다". 그
래서 "굵어진 빗줄기 사이로 견딘 말들"을 쏟아놓는
것이다. 그리하여 쏟아놓는 말들은 3장 6구의 씨실 날
실로 엮여 한 편의 노래가 되고 있다. 하지만 합평의
자리에서는 늘 '도마 위의 생선'이 된다. 이것이 시인
으로서는 곤혹스러운 일이다. 아직 내 안에서 무르익
지 못한 말들은 날것인 언어로 쏟아질 뿐이어서 "거칠
게 파닥이는 야성"의 글자에 불과한 것이다. 그래서 시
인은 "고개 숙이고 발가락만 비빈다".(「합평」)

여기에 시인의 고달픔이 있다. 자신이 말하고 싶은
것과 말해지는 것은 엄연히 다른 것이다. 또한 시인이
선택한 3장 6구의 형식은 시인에게는 더욱 "벗겨지고
버려지는" 언어의 조탁을 요구한다. 그러기 위해서는

더 오래 아파해야 하며, 더 오래 제 안의 살을 깎는 인고의 시간이 필요하다. 그런 시간을 기다리기엔 시인의 목젖에 걸린 시어들이 차린 울음방은 금방 소낙비로 쏟아질 것 같다. 부러 "허공에 촉수를 두고"(「하눌타리」) "눈 감고 귀 막으며 먼 하늘 바라본다".(「진실의 입」)

김선 시인이 기다리고 있는 것은 견고하게 화석화된 자아의 심장부를 꿰뚫는 진실의 목소리이다. 그것은 그 누구도 들을 수 없고, 시인 자신만이 들을 수 있는 목소리이다. "다듬고 깎이다 보면 해 뜰 날이 올 거야"라고 푸념하고 있지만 멀지 않아 깊은 울림의 시어들이 쏟아질 것이다. 첫 시집이라 하니 독자들도 기다림의 시간이 필요하다. 아직은 3장 6구 12음보에 맞춘 정직한 보폭에 충실한 걸음이었다는 것을 시인도 부정하지 않으리라. "깊은 숨 참았다가 올라와 내쉬는 숨"처럼 반짝이는 피리 소리를 기대한다. 제 안에서 머뭇거리던 울음들이 등골 시리도록 서늘히 울어 젖힐 때 비로소 김선 시인의 시세계는 활짝 열리리라. 첫 시집, 축하와 응원을 함께 보낸다.

사람이 흐르다

2019년 11월 3일 초판 1쇄 발행

지은이   김선
펴낸이   김영훈
편집   김지희
디자인   부건영, 나무늘보
펴낸곳   한그루
         출판등록 제6510000251002008000003호
         제주특별자치도 제주시 복지로1길 21
         전화 064-723-7580   전송 064-753-7580
         전자우편 onetreebook@daum.net 누리방 onetreebook.com

ISBN 978-89-94474-93-9(03810)

이 도서의 국립중앙도서관 출판예정도서목록(CIP)은 서지정보유통지원시스템 홈페이지(http://seoji.nl.go.kr)와
국가자료공동목록시스템(http://www.nl.go.kr/kolisnet)에서 이용하실 수 있습니다.(CIP제어번호: CIP2019042640)

이 책은 문화체육관광부, 제주특별자치도, 제주문화예술재단의 기금을 지원받아 발간되었습니다.

값 9,000원